For my little Else.
A kiss from your giant - C.N.

First published in 2004 by Macmillan Children's Books, London
First dual language publication in 2004 by Mantra Lingua

mantra
5 Alexandra Grove, London N12 8NU
www.mantralingua.com

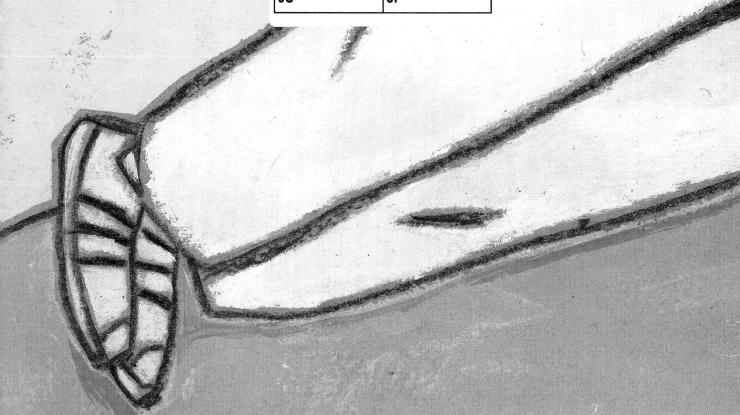

This book belongs to:

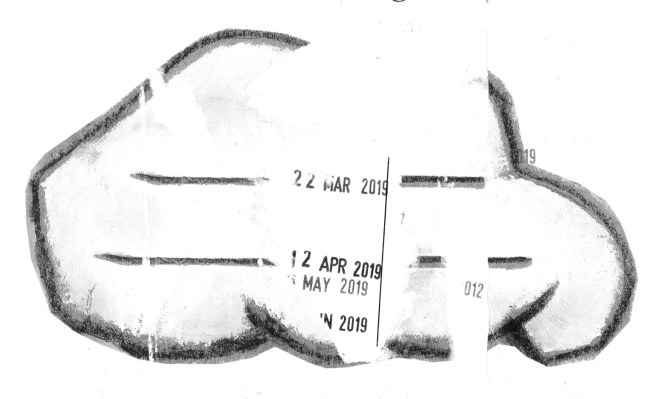

CARL NORAC

INGRID GODON

Mój Tato jest Wielkoludem

My Daddy is a Giant

Polish translation by Sophia Bac

mantra

Mój tato jest wielkoludem.
Kiedy chcę go uściskać,
muszę wspinać się na drabinę.

My daddy is a giant.
When I want to cuddle him,
I have to climb a ladder.

Kiedy bawimy się w chowanego,
mój tato musi chować
się za górą.

When we play hide-and-seek,
my daddy has to hide
behind a mountain.

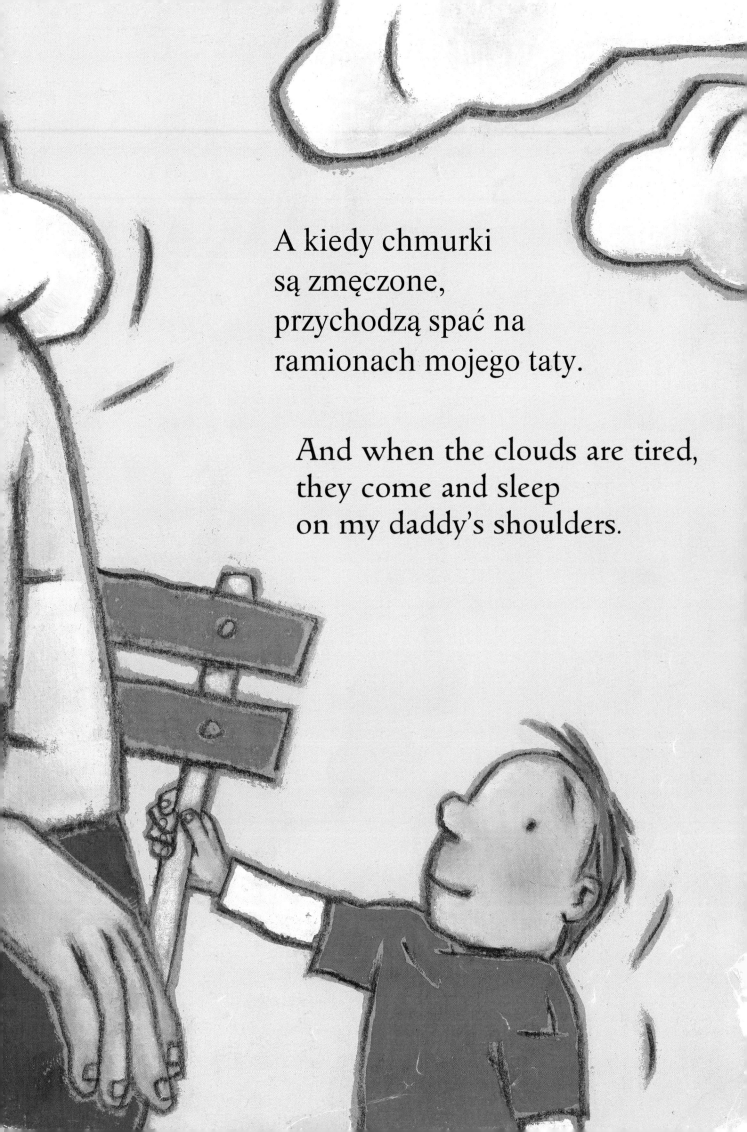

A kiedy chmurki
są zmęczone,
przychodzą spać na
ramionach mojego taty.

And when the clouds are tired,
they come and sleep
on my daddy's shoulders.

A kiedy mój tato kichnie,
to jak huragan.
Wydmuchnie całe morze.

When my daddy sneezes,
it's like a hurricane.
It blows the sea away.

A kiedy mój tato śmieje się,
to jest jak drugi huragan.
Wszystkie liście z drzew opadają.

When my daddy laughs,
it's like another hurricane.
All the leaves fly off the trees.

Ptaki kochają mojego tatę.
Budują swoje gniazda
w jego włosach.

Birds love my daddy.
They make their nests
in his hair.

Gdy gramy w piłkę nożną,
mój tato zawsze wygrywa.
On może kopnąć piłkę tak
wysoko aż na księżyc.

When we play football,
my daddy always wins.

He can kick the ball as high as the moon.

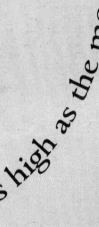

Ale ja zawsze wygrywam w kulki.
Bo jego palce są za grube.

But I always beat
him at marbles.
His fingers are
far too big.

Lubię kiedy mój tato mówi,
"Robisz się taki wysoki jak ja!"

I like it when my
daddy says,
"You're getting as
tall as me!"

Gdy mój tato biegnie,
ziemia trzęsie się
jakby ze strachu.

When my daddy runs,

the ground shakes

as if it was scared.

Ale ja nie boję się
niczego gdy jestem w
ramionach mojego taty.

But I'm not scared
of anything when
I'm in my daddy's arms.

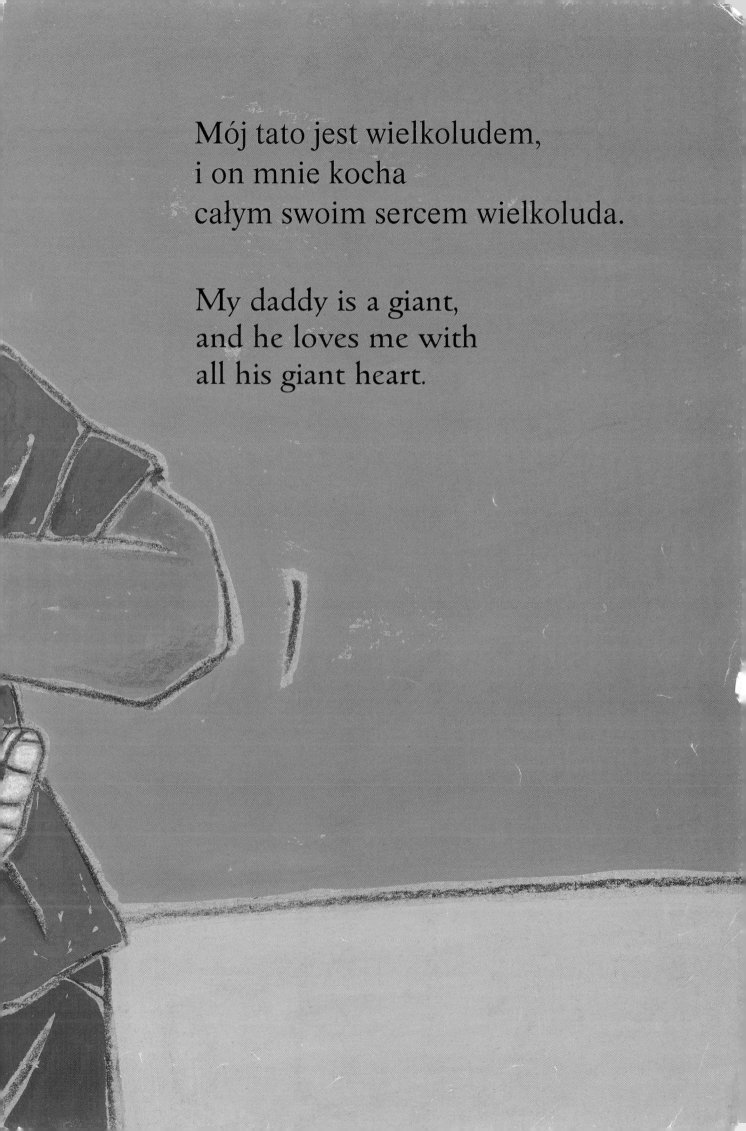

Mój tato jest wielkoludem,
i on mnie kocha
całym swoim sercem wielkoluda.

My daddy is a giant,
and he loves me with
all his giant heart.